LIVRE DE COLORIAGE SUR L'UNIVERS CELTIQUE !

Dessin n°1

Dessin n°2

Dessin n°3

Dessin n°4

DESSIN N°5

Dessin n°6

DESSIN N°7

Dessin n°8

DESSIN N°9

Dessin n°10

Dessin n°11

DESSIN N°12

DESSIN N°13

DESSIN N°14

DESSIN N°16

DESSIN N°17

Dessin n°18

DESSIN N°19

Dessin n°20

DESSIN N°21

DESSIN N°22

DESSIN N°23

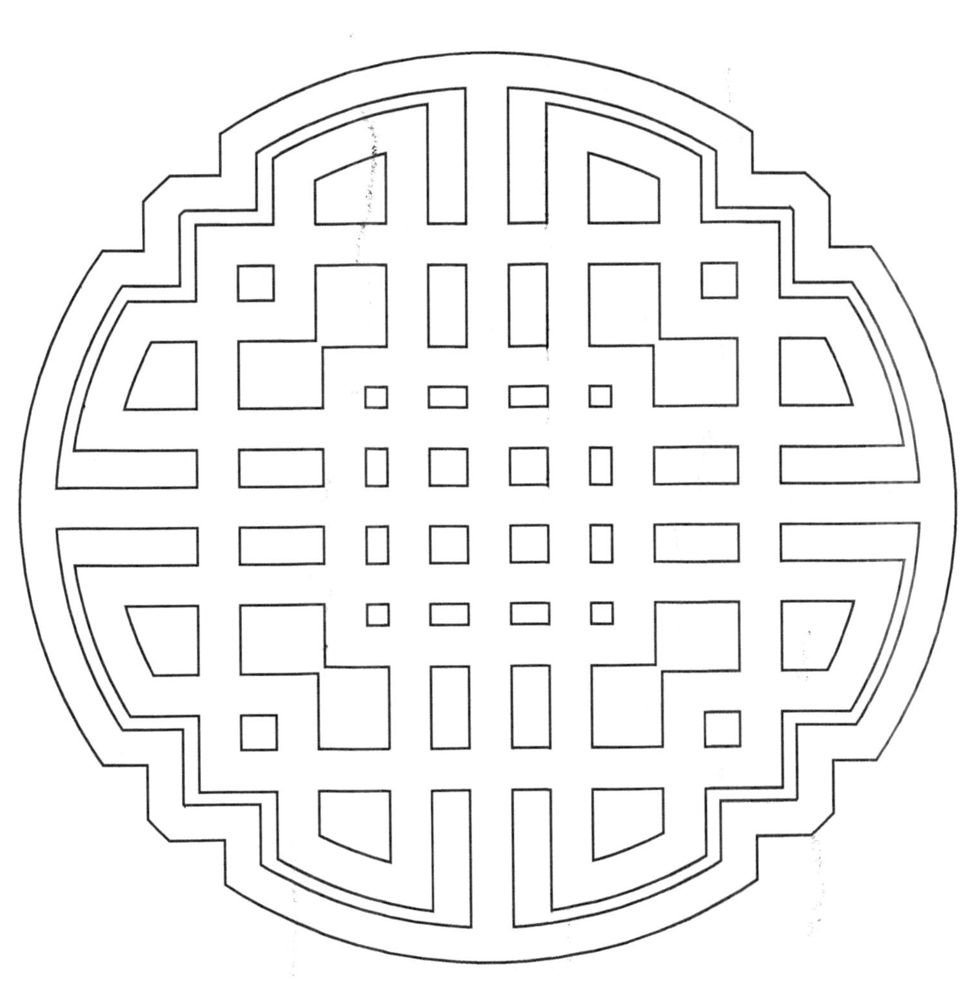

Dessin n°24

DESSIN N°25

Dessin n°26

Dessin n°27

DESSIN N°28

Dessin n°29

DESSIN N°30

DESSIN N°31

DESSIN N°32

DESSIN N°33

Dessin n°34

DESSIN N°35

DESSIN N°36

Dessin n°37

DESSIN N°38

Dessin n°40

DESSIN N°41

Dessin n°42

DESSIN N°43

Dessin n°44

Dessin n°46

Dessins n°47 et 48

Dessins n° 49 et 50